Los sacos de arena

Mireia Canals
Sandra Aguilar

SALVATELLA
editorial

Ilustraciones: Sandra Aguilar

c/ Sant Agustí, 8. 08012 Barcelona
www.salvatella.com

Primera edición: octubre 2014
ISBN: 978-84-8412-814-4
Depósito legal: B-20.741-2014
Imprime: Gervigraf cmyk
Printed in Spain

Introducción

La tristeza

La colección Emociones surge con la intención de aportar una nueva herramienta en la labor de guiaje, modelado e inmersión de los niños entre los dos años y medio y los ocho años.

En esta edad es muy importante la prevención colectiva, muy aconsejable desde la escuela, y a la vez la prevención individual desde casa.

Los cinco pilares básicos de la prevención, que en la Unidad de Psicopatología para la Infancia de la UAB están trabajando ya en las escuelas, son los siguientes: el reconocimiento de emociones y sentimientos, saber expresar emociones, enseñar a autocontrolarse, a hacer amigos y aprender a ser responsables. El programa parte de varias premisas, como enseñar el desarrollo emocional y afectivo de la persona, prevenir la conducta disruptiva y finalmente hacer crecer las competencias sociales y personales.

Los cuentos están estructurados alrededor de una historia en la que Ana o Javier pasan por algún tipo de aventura para reconocer, aprender y poner en práctica todo aquello que al niño le provoca miedo, tristeza, alegría, rabia, entre otras emociones. Al final del cuento encontraréis unas actividades pensadas para que los niños puedan entender y expresar la emoción que se trabaja en el cuento. Por otro lado, también se intentará que sea capaz de aprender a medir la emoción para que pueda ser capaz de solucionarlo solo.

Cuando Ana estaba cerrando la caja de los tesoros, se le rompió.

Tiró los trozos a la papelera y se durmió llorando porque estaba muy triste.

Por la noche, tenía pipí y se levantó. Se puso en la cola del lavabo porque había un montón de niños y niñas cargados con un saco y que también tenían pipí como ella. No podía creerlo, ¡un montón de niños y niñas en su casa!

Y les preguntó:

—¿Qué hacéis aquí?

—Estamos tristes y tenemos pipí —respondió la niña de delante suyo en la cola.

—¿Y por qué llevas este saco? —preguntó Ana.

—Porque la tristeza se lleva en estos sacos.

—¡Un momento! —dijo Ana, y entró rápidamente en su habitación.

Se encontró un saco encima de la cama.

—¿Ves? Todos los que estamos tristes llevamos el saco de la tristeza —le explicó un niño de la cola.

Ana respondió:

—Yo estoy triste porque se me ha roto mi caja de los tesoros.

A la mañana siguiente, puso el saco en la mochila de la escuela.

Ana seguía estando muy triste.

Mientras iban hacia la escuela, Ana le dijo a Javier:

—Mira qué cargada voy, dice un amigo mío que es mi tristeza.

—¿A ver? —le dijo Javier mirando el saco. Se rascó la cabeza y empezó a pensar cómo podría ayudar a su hermana.

Por la noche, Ana se despertó de nuevo. Esta vez tenía sed y se fue directa a la cocina.

Se encontró a todos los niños y niñas bebiendo agua y con sus sacos, tristes.

—Hola, Ana —dijo una niña—, mira mi saco, ya no es tan grande como ayer.

—¿Y por qué no?

—Porque ya no estoy tan triste.

—¿Y tu saco? —le preguntó.

—Es igual de grande —respondió Ana—, es que se me rompió la caja de los tesoros.

Mientras tanto, Javier, sin que Ana se enterara, le agujereó el saco, y empezó a perder arena.

Por la mañana, el saco de Ana todavía era muy grande y pesaba mucho.

Ana iba de un lado a otro de la casa removiendo los juguetes, con el saco cargado en la espalda, dejando un rastro de arena.

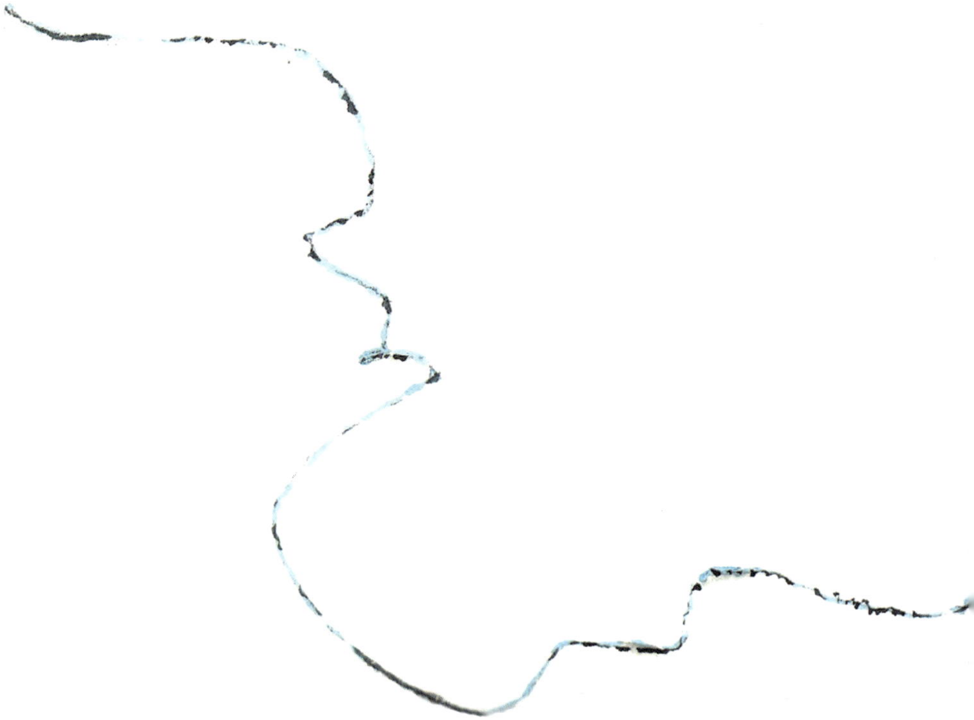

De repente, Ana vio que el saco estaba vacío.

Entonces, siguió el rastro de arena...

...que la condujo a un cajón lleno de juguetes de su habitación, donde encontró una caja roja y la abrazó. Estaba muy contenta.

Por la tarde, cuando Ana fue a buscar el saco, vio que ya no estaba. Llamó a Javier y le dijo:

—Javier, Javier. ¡El saco de la tristeza ya no está!

—¿Ya no estás triste? ¡Qué bien! —respondió Javier.

Ana guardó la nueva caja roja de los tesoros en la mochila y pensó:

—En esta caja de tesoros guardaré esta piedra blanca.

Y así es cómo Ana aprendió que la tristeza viene y después se va.

Aprenendemos del cuento

Estas actividades están pensadas con el fin de que los niños puedan entender y expresar el concepto que se trabaja en el cuento. Por otra parte, también se quiere procurar que el niño sea capaz de aprender a medir el conflicto con el fin de llegar a solucionarlo solo.

1. Localizo el concepto:

- ¿Cómo expresa Ana la tristeza? ¿Cómo sabemos quién está triste en el cuento? ¿Cómo sabes cuándo alguien está triste?

2. Dibujo el concepto:

- Dibuja la tristeza: un paisaje triste, una persona triste, una casa triste. ¿Tiene sonido? ¿Olores? ¿A qué se asemeja la tristeza?

3. Aprendo a medir el concepto:

- Divide el papel en tres partes. Dibújate a ti muy triste. Ahora dibújate un poco triste. Haz un tercer dibujo contigo muy contento.
- Mido con los colores.

Pinta el dibujo que acabas de hacer:

– ¿Qué colores tengo cuando estoy triste?

– ¿Qué colores tengo cuando estoy contento/a?

4. Soluciono el conflicto:

- Ana deja de estar triste cuando consigue encontrar otra caja de tesoros, aunque su hermano le echa una mano y agujerea el saco de la tristeza. Explica en cuatro líneas como lo haces tú para dejar de estar triste.